Welche Bilder findest du auf der 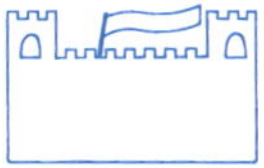 ? Male an.

Schreibe den Buchstaben von der 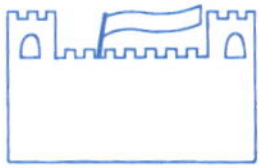 dazu.

Schreibe den Anlaut zum Bild.

M

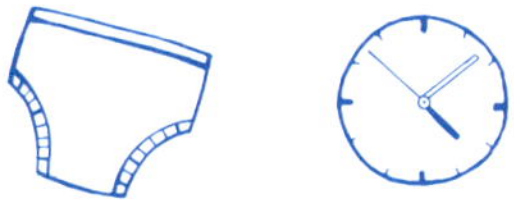

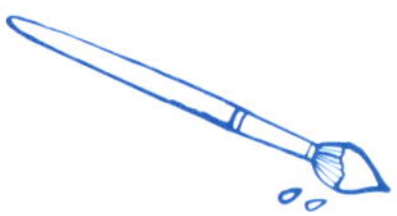

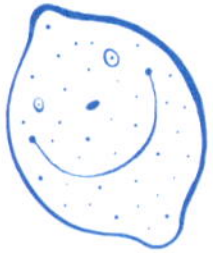

Male die Bilder der 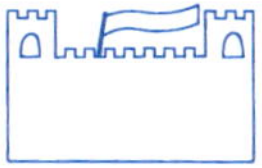.

G	I
N	Sch
L	D
Eu	H
F	Ö

Schreibe den Anlaut zum Bild.

D

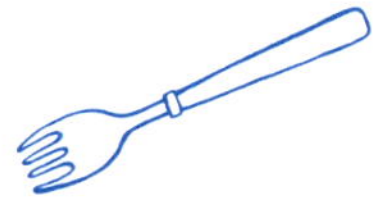

Male die Bilder der 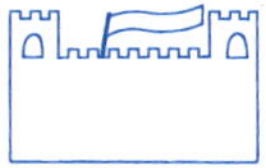 .

	A		P
	Z		E
	J		Ü
	W		M
	Ei		S

Schreibe den Anlaut zum Bild.

	Ei		
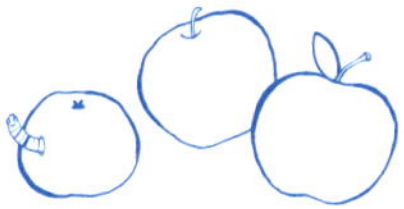			

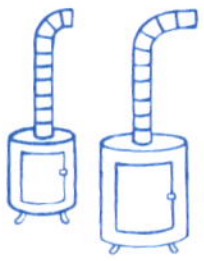			

Verbinde.

A
M
O

A
I
L

G
M
A

U
S
K

T
E
F

B
J
N

F
T
N

N
P
R

D
H
O

Kreuze an.

☒ G
☐ Sch
☐ F

☐ W
☐ S
☐ J

☐ P
☐ O
☐ T

☐ Ei
☐ Au
☐ Eu

☐ M
☐ R
☐ K

☐ E
☐ H
☐ B

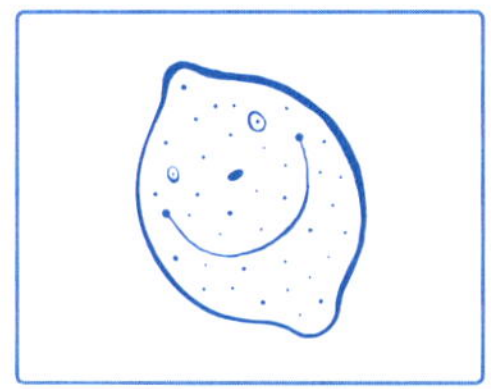

☐ A
☐ T
☐ Z

☐ N
☐ L
☐ I

Male die Bilder der 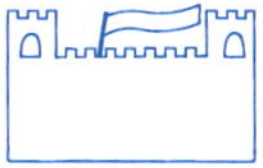 .

	Ä
	R
	O
	W
	Ch
	I
	K
	T
	G
	U

Verbinde.

L

M

B

R

Verbinde.

Au

Ei

Eu

Z

R

S

B

C

Sch

J

K

Ü

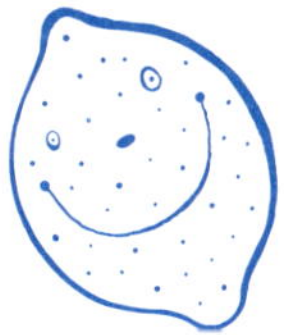

F

K

Z

B

W

R

M

A

D

G

N

W

E

I

S

Kreuze an.

☒ L
☐ K
☐ D

☐ Sch
☐ F
☐ P

☐ U
☐ Z
☐ R

☐ G
☐ D
☐ S

☐ H
☐ A
☐ K

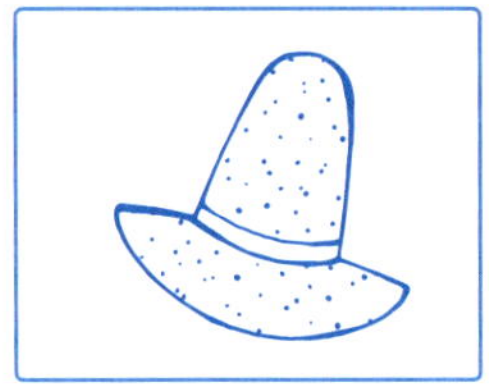

☐ I
☐ H
☐ B

☐ E
☐ L
☐ Sch

☐ F
☐ M
☐ J

Verbinde.

J

H

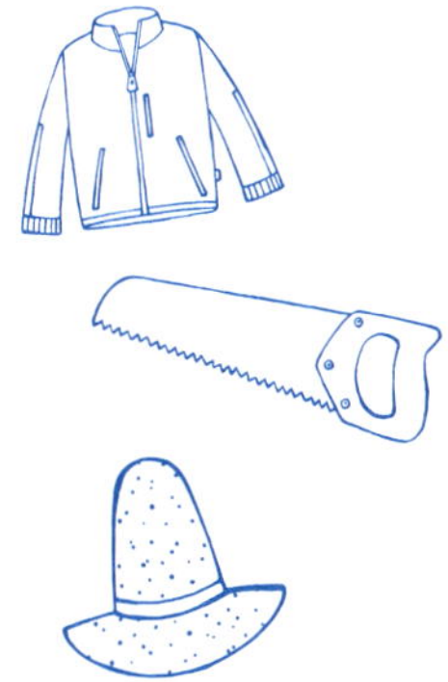

W

K

Verbinde.

N

F

S

K

P

W

E

R

Verbinde.

L

G

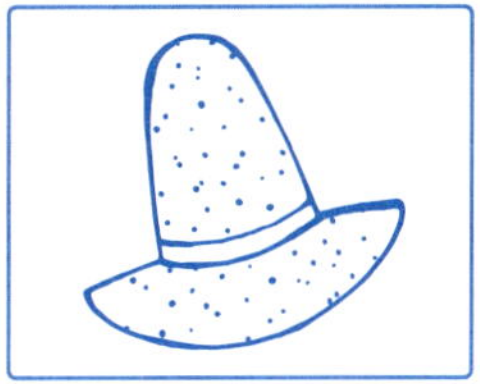

B

O

Sch

D

H

E

Was klingt am Anfang gleich? Verbinde.

Was klingt am Anfang gleich? Verbinde.

Was klingt am Anfang wie ...? Male.

Was klingt am Anfang gleich?

Schneide Bogen 1 aus, und klebe dazu.

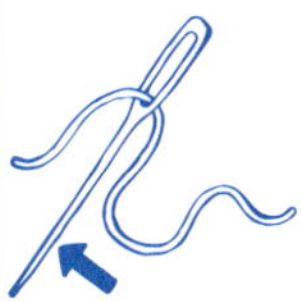

Was klingt am Anfang gleich?

Schneide Bogen 2 aus, und klebe dazu.

2

(Seite 22)

1

(Seite 21)

ein Anlaut-Heft

Mein Anlaut-Heft

Mein Anlaut-Heft Mein

nlaut-Heft

Mein Anlaut-Heft

Mein Anlaut-Heft

Mein Anlaut-Heft

Anlaut-Heft

Mein Anlaut-Heft Mein

Was klingt am Anfang gleich?
Schneide Bogen 3 aus, und klebe dazu.

M	F	D	J
Z	P	H	R

Was klingt am Anfang gleich?
Schneide Bogen 4 aus, und klebe dazu.

L	S	U	K
T	E	W	N

4

(Seite 26)

3

(Seite 25)

Mein Anlaut-Heft

Was klingt am Anfang wie ...? Male an.

Was klingt am Anfang wie …? Male an.

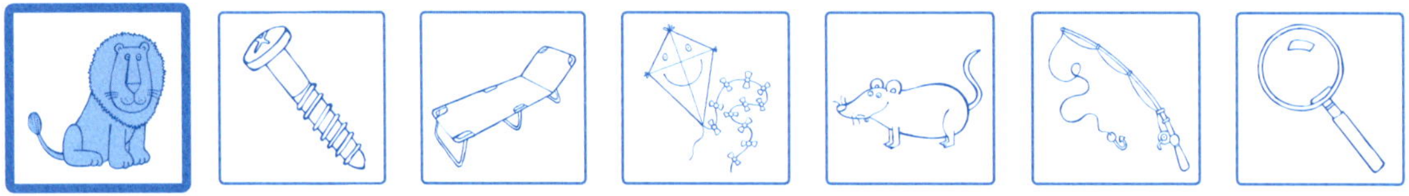

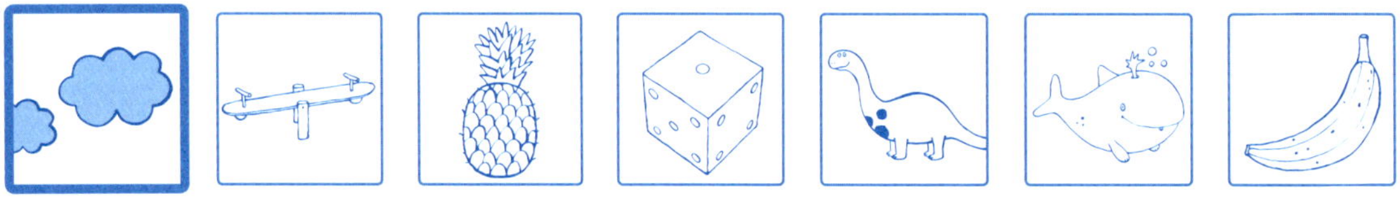

Schreibe den Anlaut zum Bild.

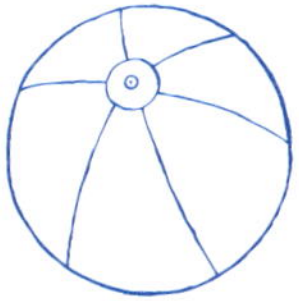

B

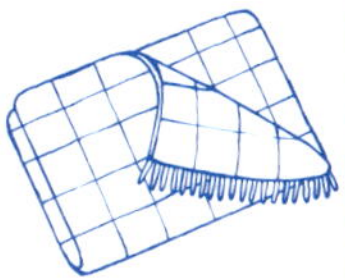

Schreibe den Anlaut zum Bild.

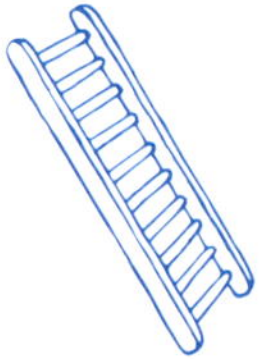

Schreibe den Anlaut zum Bild.

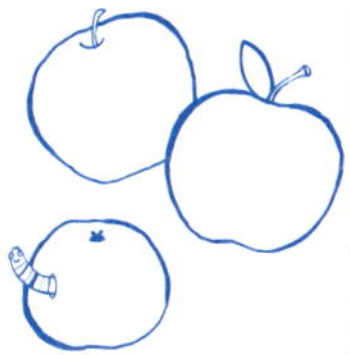

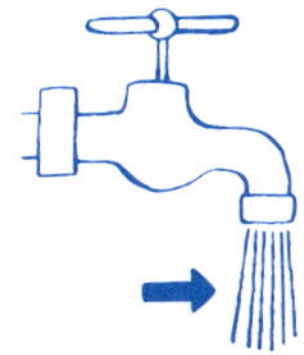

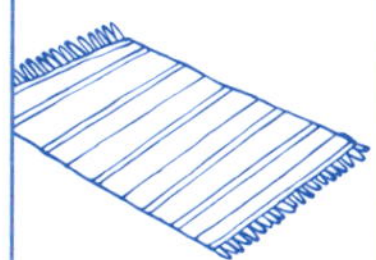

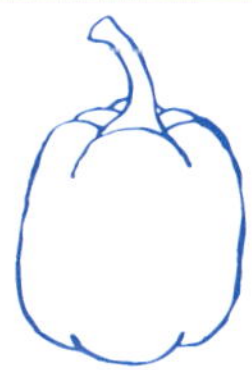

Verbinde.

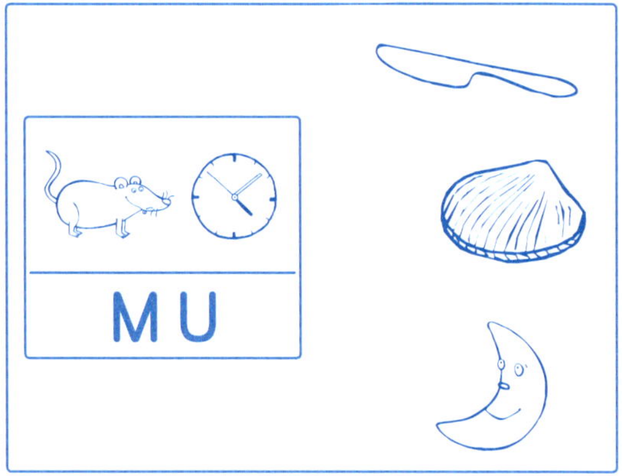

Verbinde.

DO

FA

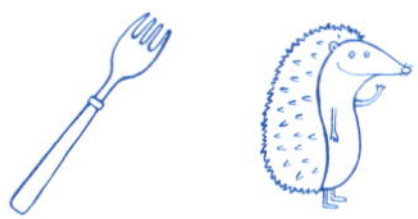

GI

NO

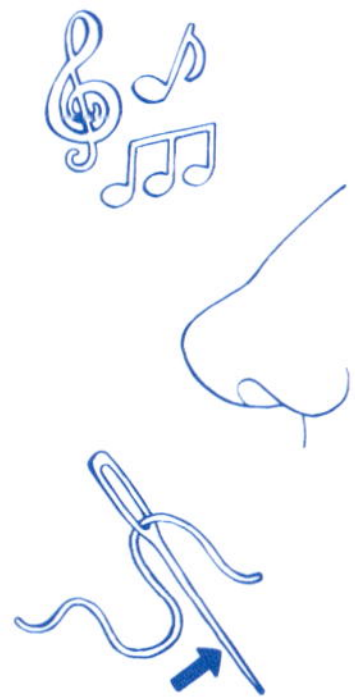

Verbinde.

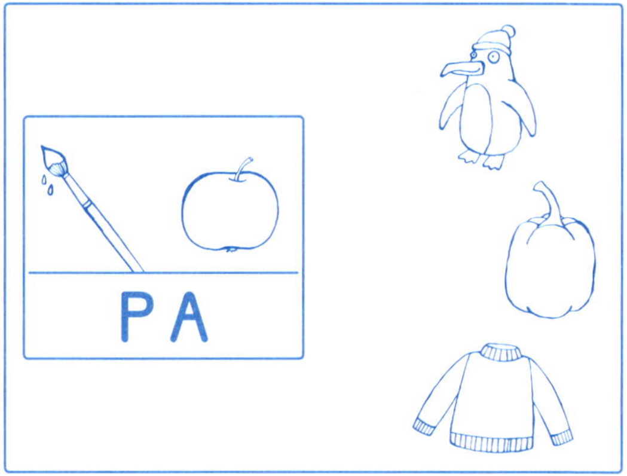

Schreibe die Anlaute. Schreibe das Wort.

Schreibe die Anlaute. Schreibe das Wort.

Schreibe die Anlaute. Verbinde.

BAUM

DINO

NASE

Schreibe die Anlaute. Verbinde.

PILZ

LAMPE

ROSE

Schreibe die Anlaute. Verbinde.

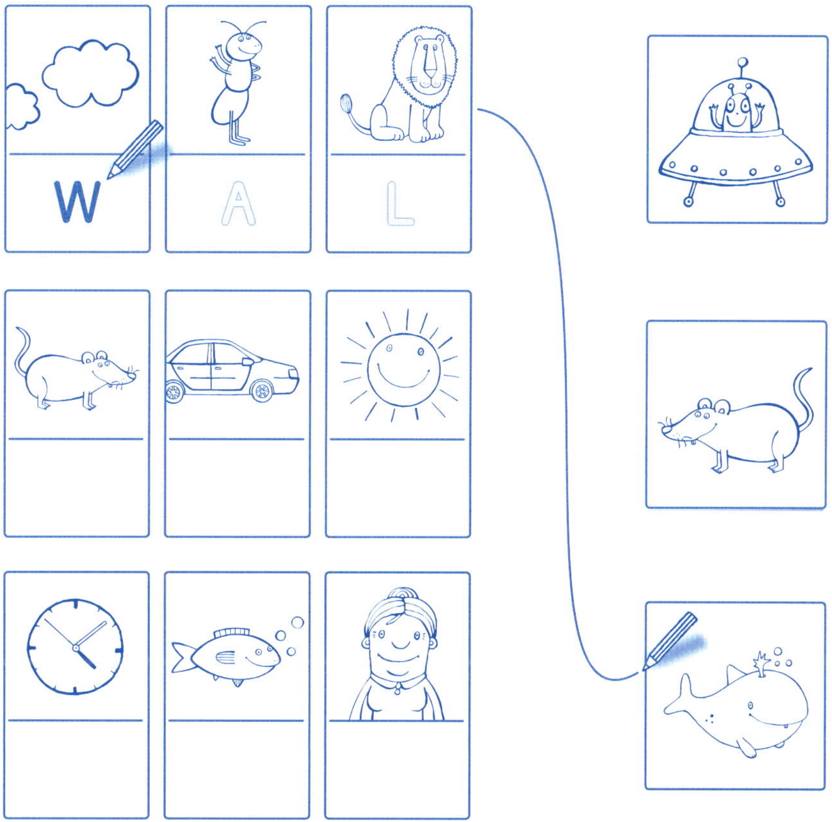

Schreibe die Anlaute. Verbinde.

Schreibe die Anlaute. Male das Wort.

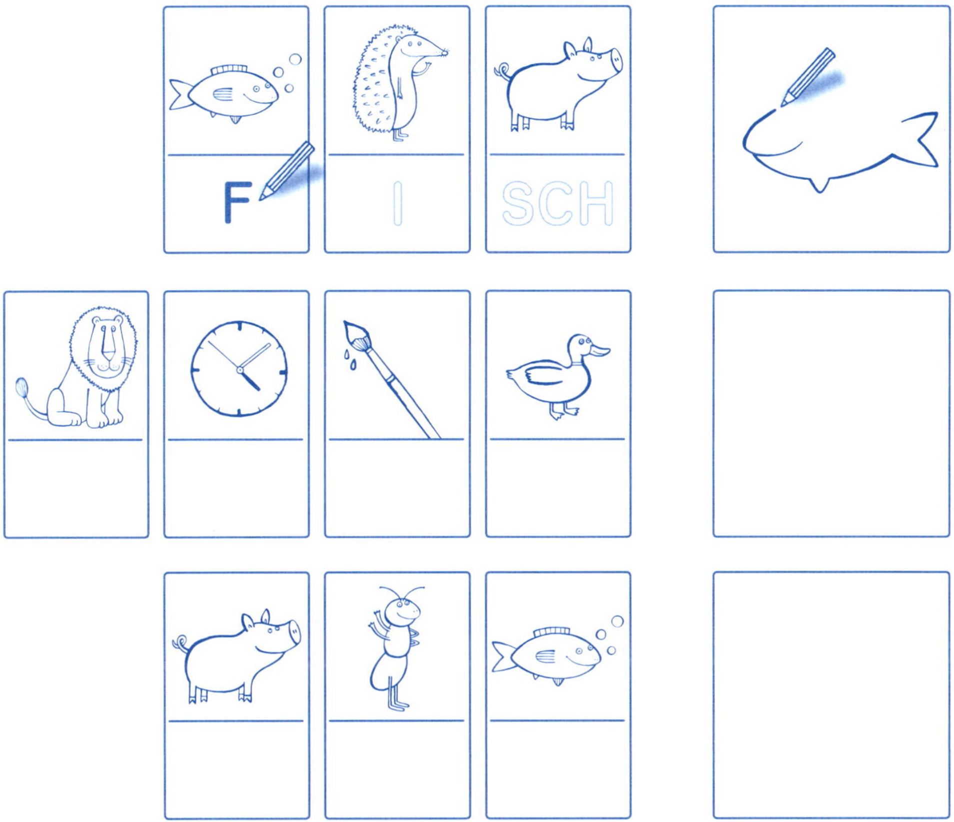

Schreibe die Anlaute. Male das Wort.

Lies und verbinde.